TRANZLATY

Language is for everyone

Limba este pentru toată lumea

Aladdin and the Wonderful Lamp

Aladdin și Lampa Minunată

Antoine Galland

English / Română

Copyright © 2025 Tranzlaty
All rights reserved
Published by Tranzlaty
ISBN: 978-1-83566-931-0
Original text by Antoine Galland
From *"Les mille et une nuits"*
First published in French in 1704
Taken from The Blue Fairy Book
Collected and translated by Andrew Lang
www.tranzlaty.com

Once upon a time there lived a poor tailor
A trăit odată un biet croitor
this poor tailor had a son called Aladdin
acest biet croitor a avut un fiu pe nume Aladdin
Aladdin was a careless, idle boy who did nothing
Aladdin era un băiat nepăsător, inactiv, care nu făcea nimic
although, he did like to play ball all day long
deși, îi plăcea să joace mingea toată ziua
this he did in the streets with other little idle boys
asta a făcut-o pe străzi cu alți băieți inactivi
This so grieved the father that he died
Acest lucru l-a întristat atât de mult pe tată, încât a murit
his mother cried and prayed, but nothing helped
mama lui a plâns și s-a rugat, dar nimic nu a ajutat
despite her pleading, Aladdin did not mend his ways
în ciuda implorării ei, Aladdin nu și-a remediat căile
One day, Aladdin was playing in the streets, as usual
Într-o zi, Aladdin se juca pe străzi, ca de obicei
a stranger asked him his age
un străin l-a întrebat vârsta lui
and he asked him, "are you not the son of Mustapha the tailor?"
iar el l-a întrebat: „Nu ești tu fiul lui Mustafa croitorul?"
"I am the son of Mustapha, sir," replied Aladdin
— Sunt fiul lui Mustafa, domnule, răspunse Aladin
"but he died a long time ago"
„dar a murit cu mult timp în urmă"
the stranger was a famous African magician
străinul era un magician african celebru
and he fell on his neck and kissed him
iar el a căzut pe gât și l-a sărutat
"I am your uncle," said the magician
— Sunt unchiul tău, spuse magicianul
"I knew you from your likeness to my brother"
„Te-am cunoscut după asemănarea ta cu fratele meu"
"Go to your mother and tell her I am coming"
„Du-te la mama ta și spune-i că vin"

Aladdin ran home and told his mother of his newly found uncle
Aladdin a fugit acasă și i-a spus mamei sale despre unchiul său proaspăt găsit
"Indeed, child," she said, "your father had a brother"
„Într-adevăr, copile", a spus ea, „tatăl tău avea un frate"
"but I always thought he was dead"
„dar mereu am crezut că e mort"
However, she prepared supper for the visitor
Cu toate acestea, ea a pregătit cina pentru vizitator
and she bade Aladdin to seek his uncle
iar ea i-a cerut lui Aladdin să-și caute unchiul
Aladdin's uncle came laden with wine and fruit
Unchiul lui Aladin a venit încărcat cu vin și fructe
He fell down and kissed the place where Mustapha used to sit
A căzut și a sărutat locul în care obișnuia să stea Mustafa
and he bid Aladdin's mother not to be surprised
și i-a spus mamei lui Aladdin să nu fie surprinsă
he explained he had been out of the country for forty years
a explicat că a plecat din țară de patruzeci de ani
He then turned to Aladdin and asked him his trade
Apoi s-a întors către Aladdin și i-a cerut meseria
but the boy hung his head in shame
dar băiatul a lăsat capul de rușine
and his mother burst into tears
iar mama lui a izbucnit în plâns
so Aladdin's uncle offered to provide food
așa că unchiul lui Aladdin s-a oferit să ofere mâncare
The next day he bought Aladdin a fine set of clothes
A doua zi i-a cumpărat lui Aladdin un set frumos de haine
and he took him all over the city
și l-a dus prin tot orașul
he showed him the sights of the city
i-a arătat punctele de vedere ale orașului
at nightfall he brought him home to his mother
la căderea nopții l-a adus acasă la mama lui

his mother was overjoyed to see her son so well dressed
mama lui era nespus de bucuroasă să-şi vadă fiul atât de bine îmbrăcat
The next day the magician led Aladdin into some beautiful gardens
A doua zi, magicianul l-a condus pe Aladin în nişte grădini frumoase
this was a long way outside the city gates
aceasta era un drum lung în afara porţilor oraşului
They sat down by a fountain
S-au aşezat lângă o fântână
and the magician pulled a cake from his girdle
iar magicianul a tras o prăjitură din brâu
he divided the cake between the two of them
a împărţit tortul între ei doi
Then they journeyed onward till they almost reached the mountains
Apoi au mers mai departe până aproape că au ajuns la munţi
Aladdin was so tired that he begged to go back
Aladdin era atât de obosit încât a implorat să se întoarcă
but the magician beguiled him with pleasant stories
dar magicianul l-a amăgit cu poveşti plăcute
and he led him on in spite of his laziness
şi l-a condus mai departe în ciuda lenei lui
At last they came to two mountains
În cele din urmă au ajuns la doi munţi
the two mountains were divided by a narrow valley
cei doi munţi erau despărţiţi de o vale îngustă
"We will go no farther," said the false uncle
„Nu vom merge mai departe", a spus falsul unchi
"I will show you something wonderful"
„Îţi voi arăta ceva minunat"
"gather up sticks, while I kindle a fire"
„Adună beţe, în timp ce eu aprind focul"
When the fire was lit the magician threw a powder on it
Când focul a fost aprins, magicianul a aruncat o pulbere pe el
and he said some magical words

și a spus câteva cuvinte magice
The earth trembled a little and opened in front of them
Pământul a tremurat puțin și s-a deschis în fața lor
a square flat stone revealed itself
o piatră plată pătrată se dezvăluie
and in the middle of the stone was a brass ring
iar în mijlocul pietrei era un inel de aramă
Aladdin tried to run away
Aladdin a încercat să fugă
but the magician caught him
dar magicianul l-a prins
and gave him a blow that knocked him down
și i-a dat o lovitură care l-a doborât
"What have I done, uncle?" he said, piteously
— Ce am făcut, unchiule? spuse el, jalnic
the magician said more kindly, "Fear nothing, but obey me"
magicianul a spus mai amabil: „Nu te teme de nimic, ci ascultă-mă"
"Beneath this stone lies a treasure which is to be yours"
„Sub această piatră se află o comoară care va fi a ta"
"and no one else may touch this treasure"
„și nimeni altcineva nu se poate atinge de această comoară"
"so you must do exactly as I tell you"
"Deci trebuie sa faci exact cum iti spun eu"
At the mention of treasure Aladdin forgot his fears
La pomenirea comorii, Aladdin și-a uitat temerile
he grasped the ring as he was told
a apucat inelul așa cum i s-a spus
and he said the names of his father and grandfather
și a spus numele tatălui și ale bunicului său
The stone came up quite easily
Piatra a apărut destul de ușor
and some steps appeared in front of them
iar în fața lor apărură niște trepte
"Go down," said the magician
— Coboară, spuse magicianul
"at the foot of those steps you will find an open door"

"la poalele acelor trepte vei gasi o usa deschisa"
"the door leads into three large halls"
„Uşa dă în trei săli mari"
"Tuck up your gown and go through the halls"
„Îţi îmbracă rochia şi treci prin holuri"
"make sure not to touch anything"
„asigură-te că nu atingi nimic"
"if you touch anything, you will instantly die"
„Dacă atingi ceva, vei muri instantaneu"
"These halls lead into a garden of fine fruit trees"
„Aceste săli duc într-o grădină de pomi fructiferi frumoşi"
"Walk on until you reach a gap in the terrace"
„Mergeţi mai departe până ajungeţi la un gol pe terasă"
"there you will see a lighted lamp"
„acolo vei vedea o lampă aprinsă"
"Pour out the oil of the lamp"
„Toarnă uleiul lămpii"
"and then bring me the lamp"
"şi apoi adu-mi lampa"
He drew a ring from his finger and gave it to Aladdin
Şi-a scos un inel de pe deget şi i-a dat lui Aladdin
and he bid him to prosper
şi i-a poruncit să prospere
Aladdin found everything as the magician had said
Aladdin a găsit totul aşa cum spusese magicianul
he gathered some fruit off the trees
a adunat nişte fructe de pe copaci
and, having got the lamp, he arrived at the mouth of the cave
şi, după ce a luat lampa, a ajuns la gura peşterii
The magician cried out in a great hurry
Magicianul strigă în mare grabă
"Make haste and give me the lamp"
„Grăbeşte-te şi dă-mi lampa"
Aladdin refused to do this until he was out of the cave
Aladdin a refuzat să facă asta până când a ieşit din peşteră
The magician flew into a terrible rage
Magicianul a zburat într-o furie teribilă

he threw some more powder on to the fire
a mai aruncat niște pulbere pe foc
and then he cast another magic spell
apoi a mai aruncat o vrajă magică
and the stone rolled back into its place
iar piatra s-a rostogolit înapoi la locul ei
The magician left Persia for ever
Magicianul a părăsit Persia pentru totdeauna
this plainly showed that he was no uncle of Aladdin's
asta arăta clar că nu era un unchi al lui Aladdin
what he really was was a cunning magician
ceea ce era cu adevărat era un magician viclean
a magician who had read of a magic lamp
un magician care citise despre o lampă magică
a magic lamp which would make him the most powerful man in the world
o lampă magică care l-ar face cel mai puternic om din lume
but he alone knew where to find the magic lamp
dar singurul știa unde să găsească lampa magică
and he could only receive the magic lamp from the hand of another
și putea primi doar lampa magică din mâna altuia
He had picked out the foolish Aladdin for this purpose
Îl alesese pe prostul Aladdin în acest scop
he had intended to get the magical lamp and kill him afterwards
intenționase să obțină lampa magică și să-l omoare după aceea
For two days Aladdin remained in the dark
Două zile Aladdin a rămas în întuneric
he cried and lamented his situation
a plâns și a plâns situația lui
At last he clasped his hands in prayer
În cele din urmă și-a strâns mâinile în rugăciune
and in so doing he rubbed the ring
și făcând asta a frecat inelul
the magician had forgotten to take the ring back from him
magicianul uitase să-i ia inelul înapoi

Immediately an enormous and frightful genie rose out of the earth
Imediat, un geniu enorm și înfricoșător s-a ridicat din pământ
"What would thou have me do?"
— Ce vrei să fac?
"I am the Slave of the Ring"
„Sunt sclavul inelului"
"and I will obey thee in all things"
„și te voi asculta în toate lucrurile"
Aladdin fearlessly replied: "Deliver me from this place!"
Aladin a răspuns fără teamă: „Scoate-mă din acest loc!"
and the earth opened above him
și pământul s-a deschis deasupra lui
and he found himself outside
și s-a trezit afară
As soon as his eyes could bear the light he went home
De îndată ce ochii lui au putut suporta lumina, a plecat acasă
but he fainted when he got there
dar a leșinat când a ajuns acolo
When he came to himself he told his mother what had happened
Când și-a revenit în sine, i-a spus mamei sale ce s-a întâmplat
and he showed her the lamp
iar el i-a arătat lampa
and he showed her the fruits he had gathered in the garden
iar el i-a arătat fructele pe care le adunase în grădină
the fruits were, in reality, precious stones
fructele erau, în realitate, pietre prețioase
He then asked for some food
Apoi a cerut ceva de mâncare
"Alas! child," she said
— Vai! copile, spuse ea
"I have no food in the house"
„Nu am mâncare în casă"
"but I have spun a little cotton"
„dar am tors puțin bumbac"
"and I will go and sell the cotton"

„și mă voi duce să vând bumbacul"
Aladdin bade her keep her cotton
Aladdin i-a cerut să-și păstreze bumbacul
he told her he would sell the magic lamp instead of the cotton
i-a spus că va vinde lampa magică în loc de bumbac
As it was very dirty she began to rub the magic lamp
Deoarece era foarte murdară, a început să frece lampa magică
a clean magic lamp might fetch a higher price
o lampă magică curată ar putea aduce un preț mai mare
Instantly a hideous genie appeared
Instantaneu a apărut un geniu hidos
he asked what she would like to have
a întrebat ce i-ar plăcea să aibă
at the sight of the genie she fainted
la vederea geniului a leșinat
but Aladdin, snatching the magic lamp, said boldly:
dar Aladin, smulgând lampa magică, spuse cu îndrăzneală:
"Fetch me something to eat!"
— Adu-mi ceva de mâncare!
The genie returned with a silver bowl
Geniul s-a întors cu un castron de argint
he had twelve silver plates containing rich meats
avea douăsprezece farfurii de argint care conțineau carne bogată
and he had two silver cups and two bottles of wine
și avea două pahare de argint și două sticle de vin
Aladdin's mother, when she came to herself, said:
Mama lui Aladdin, când și-a revenit în sine, a spus:
"Whence comes this splendid feast?"
— De unde vine această sărbătoare splendidă?
"Ask not where this food came from, but eat, mother," replied Aladdin
„Nu întreba de unde a venit mâncarea asta, ci mănâncă, mamă", a răspuns Aladin
So they sat at breakfast till it was dinner-time
Așa că au stat la micul dejun până a venit ora cinei

and Aladdin told his mother about the magic lamp
iar Aladdin i-a spus mamei sale despre lampa magică
She begged him to sell the magic lamp
Ea l-a implorat să vândă lampa magică
"let us have nothing to do with devils"
„să nu avem nimic de-a face cu dracii"
but Aladdin had thought it would be wiser to use the magic lamp
dar Aladdin se gândise că ar fi mai înțelept să folosească lampa magică
"chance hath made us aware of the magic lamp's virtues"
„Șansa ne-a făcut conștienți de virtuțile lămpii magice"
"we will use the magic lamp, and we will use the ring"
„Vom folosi lampa magică și vom folosi inelul"
"I shall always wear the ring on my finger"
„Voi purta întotdeauna inelul pe deget"
When they had eaten all the genie had brought, Aladdin sold one of the silver plates
După ce au mâncat tot ce adusese genul, Aladdin a vândut una dintre farfuriile de argint
and when he needed money again he sold the next plate
iar când avea din nou nevoie de bani a vândut farfuria următoare
he did this until no plates were left
a făcut asta până nu au mai rămas farfurii
He then made another wish to the genie
Apoi i-a pus o altă dorință geniului
and the genie gave him another set of plates
iar genul i-a mai dat un set de farfurii
and in this way they lived for many years
și în felul acesta au trăit mulți ani
One day Aladdin heard an order from the Sultan
Într-o zi, Aladdin a auzit un ordin de la sultan
everyone was to stay at home and close their shutters
toată lumea trebuia să stea acasă și să închidă obloanele
the Princess was going to and from her bath
Prințesa mergea la și dinspre baia ei

Aladdin was seized by a desire to see her face
Aladdin a fost cuprins de dorința de a-i vedea fața
although it was very difficult to see her face
deși era foarte greu să-i vezi fața
because everywhere she went she wore a veil
pentru că oriunde mergea purta un văl
He hid himself behind the door of the bath
S-a ascuns în spatele ușii băii
and he peeped through a chink in the door
și se uită printr-o crăpătură a ușii
The Princess lifted her veil as she went in to the bath
Prințesa și-a ridicat vălul când a intrat la baie
and she looked so beautiful that Aladdin instantly fell in love with her
și arăta atât de frumoasă încât Aladdin s-a îndrăgostit instantaneu de ea
He went home so changed that his mother was frightened
S-a dus acasă atât de schimbat, încât mama lui s-a speriat
He told her he loved the Princess so deeply that he could not live without her
El i-a spus că o iubește atât de profund pe Prințesă încât nu ar putea trăi fără ea
and he wanted to ask her in marriage of her father
și voia s-o ceară în căsătorie pe tatăl ei
His mother, on hearing this, burst out laughing
Mama lui, auzind asta, a izbucnit în râs
but Aladdin finally convinced her to go to the Sultan
dar Aladdin a convins-o în cele din urmă să meargă la sultan
and she was going to carry his request
iar ea urma să-i îndeplinească cererea
She fetched a napkin and laid in it the magic fruits
Ea a luat un șervețel și a pus în el fructele magice
the magic fruits from the enchanted garden
fructele magice din grădina fermecată
the fruits sparkled and shone like the most beautiful jewels
fructele scânteiau și străluceau ca cele mai frumoase bijuterii
She took the magic fruits with her to please the Sultan

Ea a luat fructele magice cu ea pentru a-i face pe plac sultanului
and she set out, trusting in the lamp
iar ea porni, încrezându-se în lampă
The Grand Vizier and the lords of council had just gone into the palace
Marele Vizir și domnii consiliului tocmai intraseră în palat
and she placed herself in front of the Sultan
iar ea s-a asezat in fata sultanului
He, however, took no notice of her
El, însă, nu a băgat-o în seamă
She went every day for a week
Ea a mers în fiecare zi timp de o săptămână
and she stood in the same place
iar ea stătea în același loc
When the council broke up on the sixth day the Sultan said to his Vizier:
Când consiliul s-a despărțit în a șasea zi, sultanul i-a spus vizirului său:
"I see a certain woman in the audience-chamber every day"
„Văd în fiecare zi o anumită femeie în sala de audiență"
"she is always carrying something in a napkin"
„ea poartă mereu ceva într-un șervețel"
"Call her to come to us, next time"
"Sună-o să vină la noi data viitoare"
"so that I may find out what she wants"
„ca să aflu ce vrea ea"
Next day the Vizier gave her a sign
A doua zi, vizirul i-a dat un semn
she went up to the foot of the throne
ea a urcat la piciorul tronului
and she remained kneeling till the Sultan spoke to her
iar ea a rămas în genunchi până când sultanul i-a vorbit
"Rise, good woman, tell me what you want"
"Ridică-te, femeie bună, spune-mi ce vrei"
She hesitated, so the Sultan sent away all but the Vizier
Ea a ezitat, așa că sultanul ia trimis pe toți, cu excepția

vizirului
and he bade her to speak frankly
iar el i-a cerut să vorbească sincer
and he promised to forgive her for anything she might say
iar el a promis că o va ierta pentru orice ar putea spune
She then told him of her son's great love for the Princess
Apoi i-a spus despre marea dragoste a fiului ei pentru Prințesă
"I prayed for him to forget her," she said
„M-am rugat ca el să o uite", a spus ea
"but my prayers were in vain"
„dar rugăciunile mele au fost zadarnice"
"he threatened to do some desperate deed if I refused to go"
„a amenințat că va face o faptă disperată dacă refuz să merg"
"and so I ask your Majesty for the hand of the Princess"
„și așa cer Majestății voastre mâna prințesei"
"but now I pray you to forgive me"
„dar acum te rog să mă ierți"
"and I pray that you forgive my son Aladdin"
„Și mă rog să-l ierți pe fiul meu Aladdin"
The Sultan asked her kindly what she had in the napkin
Sultanul a întrebat-o cu amabilitate ce are în șervețel
so she unfolded the napkin
așa că ea desfăcu șervețelul
and she presented the jewels to the Sultan
iar ea i-a prezentat sultanului bijuteriile
He was thunderstruck by the beauty of the jewels
A fost uluit de frumusețea bijuteriilor
and he turned to the Vizier and asked, "What sayest thou?"
și s-a întors către vizir și l-a întrebat: „Ce spui?"
"Ought I not to bestow the Princess on one who values her at such a price?"
— N-ar trebui să o dau pe Prințesă uneia care o prețuiește cu un asemenea preț?
The Vizier wanted her for his own son
Vizirul a vrut-o pentru propriul său fiu
so he begged the Sultan to withhold her for three months
așa că l-a implorat pe sultan să o rețină timp de trei luni

perhaps within the time his son would contrive to make a richer present
poate că, în timp, fiul său va reuși să facă un cadou mai bogat
The Sultan granted the wish of his Vizier
Sultanul a îndeplinit dorința vizirului său
and he told Aladdin's mother that he consented to the marriage
și i-a spus mamei lui Aladdin că a consimțit la căsătorie
but she was not allowed appear before him again for three months
dar nu i s-a permis să apară din nou înaintea lui timp de trei luni
Aladdin waited patiently for nearly three months
Aladdin a așteptat cu răbdare aproape trei luni
after two months had elapsed his mother went to go to the market
după ce trecuseră două luni, mama lui s-a dus să meargă la piață
she was going into the city to buy oil
mergea în oraș să cumpere petrol
when she got to the market she found every one rejoicing
când a ajuns la piață, i-a găsit pe toți bucurându-se
so she asked what was going on
așa că a întrebat ce se întâmplă
"Do you not know?" was the answer
— Nu știi? a fost raspunsul
"the son of the Grand Vizier is to marry the Sultan's daughter tonight"
„fiul Marelui Vizir urmează să se căsătorească cu fiica sultanului în seara asta"
Breathless, she ran and told Aladdin
Cu suflare fără aer, ea a alergat și i-a spus lui Aladdin
at first Aladdin was overwhelmed
la început Aladdin a fost copleșit
but then he thought of the magic lamp and rubbed it
dar apoi se gândi la lampa magică și o frecă
once again the genie appeared out of the lamp

încă o dată a apărut genul din lampă
"What is thy will?" asked the genie
— Care este voința ta? întrebă geniul
"The Sultan, as thou knowest, has broken his promise to me"
„Sultanul, după cum știi, și-a încălcat promisiunea față de mine"
"the Vizier's son is to have the Princess"
„fiul vizirului urmează să o aibă pe prințesă"
"My command is that tonight you bring the bride and bridegroom"
„Porunca mea este ca în seara asta să-i aduci pe miri"
"Master, I obey," said the genie
— Stăpâne, mă supun, spuse geniul
Aladdin then went to his chamber
Aladdin s-a dus apoi în camera lui
sure enough, at midnight the genie transported a bed
desigur, la miezul nopții geniul a transportat un pat
and the bed contained the Vizier's son and the Princess
iar patul continea fiul vizirului si printesa
"Take this new-married man, genie," he said
— Ia-l pe acest bărbat proaspăt căsătorit, geniule, spuse el
"put him outside in the cold for the night"
„Pune-l afară în frig pentru noapte"
"then return the couple again at daybreak"
„Atunci înapoi cuplul la răsăritul zilei"
So the genie took the Vizier's son out of bed
Așa că geniul l-a scos din pat pe fiul vizirului
and he left Aladdin with the Princess
și l-a lăsat pe Aladin cu Prințesa
"Fear nothing," Aladdin said to her, "you are my wife"
„Nu te teme de nimic", i-a spus Aladdin, „ești soția mea"
"you were promised to me by your unjust father"
„Mi-a fost promis de tatăl tău nedrept"
"and no harm shall come to you"
„și nu ți se va întâmpla niciun rău"
The Princess was too frightened to speak
Prințesa era prea speriată ca să vorbească

and she passed the most miserable night of her life
și a trecut cea mai mizerabilă noapte din viața ei
although Aladdin lay down beside her and slept soundly
deși Aladdin s-a întins lângă ea și a dormit profund
At the appointed hour the genie fetched in the shivering bridegroom
La ora stabilită, genul a luat-o în mirele tremurând
he laid him in his place
l-a pus la locul lui
and he transported the bed back to the palace
și a transportat patul înapoi la palat
Presently the Sultan came to wish his daughter good-morning
În curând sultanul a venit să-i ureze fiicei sale bună dimineața
The unhappy Vizier's son jumped up and hid himself
Fiul nefericitului vizir a sărit în sus și s-a ascuns
and the Princess would not say a word
iar Prințesa nu voia să scoată un cuvânt
and she was very sorrowful
și era foarte îndurerată
The Sultan sent her mother to her
Sultanul și-a trimis mama la ea
"Why will you not speak to your father, child?"
— De ce nu vorbești cu tatăl tău, copile?
"What has happened?" she asked
— Ce sa întâmplat? întrebă ea
The Princess sighed deeply
Prințesa oftă adânc
and at last she told her mother what had happened
iar în cele din urmă i-a spus mamei ei ce s-a întâmplat
she told her how the bed had been carried into some strange house
i-a spus cum patul fusese dus într-o casă ciudată
and she told of what had happened in the house
iar ea a povestit ce s-a întâmplat în casă
Her mother did not believe her in the least
Mama ei nu a crezut-o deloc

and she bade her to consider it an idle dream
și ea i-a rugat să considere că este un vis inactiv
The following night exactly the same thing happened
În noaptea următoare s-a întâmplat exact același lucru
and the next morning the princess wouldn't speak either
iar a doua zi dimineața nici prințesa nu mai vorbea
on the Princess's refusal to speak, the Sultan threatened to cut off her head
la refuzul Prințesei de a vorbi, sultanul a amenințat că îi va tăia capul
She then confessed all that had happened
Apoi ea a mărturisit tot ce s-a întâmplat
and she bid him to ask the Vizier's son
iar ea i-a poruncit să-l întrebe pe fiul vizirului
The Sultan told the Vizier to ask his son
Sultanul i-a spus vizirului să-și ceară fiul
and the Vizier's son told the truth
iar fiul vizirului a spus adevărul
he added that he dearly loved the Princess
a adăugat că o iubea foarte mult pe Prințesă
"but I would rather die than go through another such fearful night"
„Dar aș prefera să mor decât să trec printr-o altă noapte atât de înfricoșată"
and he wished to be separated from her, which was granted
și dorea să fie despărțit de ea, ceea ce i s-a dat
and then there was an end to the feasting and rejoicing
iar apoi s-a încheiat ospățul și veselia
then the three months were over
apoi cele trei luni se terminaseră
Aladdin sent his mother to remind the Sultan of his promise
Aladin și-a trimis mama să-i reamintească sultanului promisiunea lui
She stood in the same place as before
Ea stătea în același loc ca înainte
the Sultan had forgotten Aladdin
sultanul îl uitase pe Aladin

but at once he remembered him again
dar îndată și-a adus aminte din nou de el
and he asked for her to come to him
iar el a rugat-o să vină la el
On seeing her poverty the Sultan felt less inclined than ever to keep his word
Văzându-i sărăcia, sultanul s-a simțit mai puțin înclinat ca niciodată să se țină de cuvânt
and he asked his Vizier's advice
și a cerut sfatul vizirului său
he counselled him to set a high value on the Princess
l-a sfătuit să pună o mare valoare prințesei
a price so high that no man alive could come afford her
un preț atât de mare încât niciun bărbat în viață nu și-ar putea permite
The Sultan then turned to Aladdin's mother, saying:
Sultanul s-a întors apoi către mama lui Aladin, spunând:
"Good woman, a Sultan must remember his promises"
„Femeie bună, un sultan trebuie să-și amintească promisiunile"
"and I will remember my promise"
„și îmi voi aminti promisiunea mea"
"but your son must first send me forty basins of gold"
„dar fiul tău trebuie să-mi trimită mai întâi patruzeci de lighe de aur"
"and the gold basins must be full of jewels"
„și ligheanele de aur trebuie să fie pline de bijuterii"
"and they must be carried by forty black camels"
„și trebuie să fie purtate de patruzeci de cămile negre"
"and in front of each black camel there is to be a white camel"
„și în fața fiecărei cămile negre trebuie să fie o cămilă albă"
"and all the camels are to be splendidly dressed"
„și toate cămilele trebuie să fie splendid îmbrăcate"
"Tell him that I await his answer"
"Spune-i ca astept raspunsul lui"
The mother of Aladdin bowed low

Mama lui Aladdin se înclină adânc
and then she went home
și apoi a plecat acasă
although she thought all was lost
deși credea că totul era pierdut
She gave Aladdin the message
I-a transmis lui Aladdin mesajul
and she added, "He may wait long enough for your answer!"
iar ea a adăugat: — S-ar putea să aștepte suficient de mult pentru răspunsul tău!
"Not so long as you think, mother," her son replied
„Nu atât timp cât crezi, mamă", a răspuns fiul ei
"I would do a great deal more than that for the Princess"
„Aș face mult mai mult decât atât pentru prințesă"
and he summoned the genie again
și a chemat din nou pe geniu
and in a few moments the eighty camels arrived
iar în câteva clipe au sosit cele optzeci de cămile
and they took up all space in the small house and garden
și au ocupat tot spațiul în căsuța și grădina
Aladdin made the camels set out to the palace
Aladin a făcut cămilele să plece spre palat
and the camels were followed by his mother
iar cămilele erau urmate de mama lui
The camels were very richly dressed
Cămilele erau îmbrăcate foarte bogat
and splendid jewels were on the girdles of the camels
iar bijuterii splendide erau pe brâurile cămilelor
and everyone crowded around to see the camels
și toată lumea s-a înghesuit să vadă cămilele
and they saw the basins of gold the camels carried on their backs
și au văzut ligheanele de aur pe care cămilele purtau pe spate
They entered the palace of the Sultan
Au intrat în palatul sultanului
and the camels kneeled before him in a semi circle
iar cămilele îngenuncheau înaintea lui într-un semicerc

and Aladdin's mother presented the camels to the Sultan
iar mama lui Aladin i-a prezentat sultanului cămilele
He hesitated no longer, but said:
Nu a mai ezitat, dar a spus:
"Good woman, return to your son"
„Femeie bună, întoarce-te la fiul tău"
"tell him that I wait for him with open arms"
"Spune-i ca il astept cu bratele deschise"
She lost no time in telling Aladdin
Nu a pierdut timp să-i spună lui Aladdin
and she bid him to make haste
iar ea i-a poruncit să se grăbească
But Aladdin first called for the genie
Dar Aladdin a chemat mai întâi genul
"I want a scented bath," he said
„Vreau o baie parfumată", a spus el
"and I want a horse more beautiful than the Sultan's"
"și vreau un cal mai frumos decât al sultanului"
"and I want twenty servants to attend to me"
„și vreau ca douăzeci de servitori să mă îngrijească"
"and I also want six beautifully dressed servants to wait on my mother"
„și vreau și șase servitori frumos îmbrăcați care să o aștepte pe mama mea"
"and lastly, I want ten thousand pieces of gold in ten purses"
„Și, în sfârșit, vreau zece mii de bucăți de aur în zece poșete"
No sooner had he said what he wanted and it was done
De îndată ce a spus ce voia și s-a făcut
Aladdin mounted his beautiful horse
Aladin a urcat pe frumosul său cal
and he passed through the streets
și a trecut prin străzi
the servants cast gold into the crowd as they went
servitorii aruncau aur în mulțime în timp ce mergeau
Those who had played with him in his childhood knew him not
Cei care se jucaseră cu el în copilărie nu l-au cunoscut

he had grown very handsome
devenise foarte frumos
When the Sultan saw him he came down from his throne
Când l-a văzut sultanul, a coborât de pe tronul său
he embraced his new son-in-law with open arms
și-a îmbrățișat noul ginere cu brațele deschise
and he led him into a hall where a feast was spread
și l-a condus într-o sală în care se ținea un ospăț
he intended to marry him to the Princess that very day
intenționa să-l căsătorească cu Prințesa chiar în ziua aceea
But Aladdin refused to marry straight away
Dar Aladdin a refuzat să se căsătorească imediat
"first I must build a palace fit for the princess"
„mai întâi trebuie să construiesc un palat potrivit pentru prințesă"
and then he took his leave
și apoi și-a luat concediu
Once home, he said to the genie:
Ajuns acasă, i-a spus geniului:
"Build me a palace of the finest marble"
„Construiește-mi un palat din cea mai fină marmură"
"set the palace with jasper, agate, and other precious stones"
„Așezați palatul cu jasp, agat și alte pietre prețioase"
"In the middle of the palace you shall build me a large hall with a dome"
„În mijlocul palatului îmi vei construi o sală mare cu cupolă"
"the four walls of the hall will be of masses of gold and silver"
„Cei patru pereți ai sălii vor fi din mase de aur și argint"
"and each wall will have six windows"
„și fiecare perete va avea șase ferestre"
"and the lattices of the windows will be set with precious jewels"
„iar zăbrelele ferestrelor vor fi întinse cu bijuterii prețioase"
"but there must be one window that is not decorated"
„dar trebuie să existe o fereastră care nu este decorată"
"go see that it gets done!"

"du-te să vezi că se termină!"
The palace was finished by the next day
Palatul a fost terminat până a doua zi
the genie carried him to the new palace
genul l-a purtat la noul palat
and he showed him how all his orders had been faithfully carried out
și i-a arătat cum toate ordinele lui fuseseră îndeplinite cu fidelitate
even a velvet carpet had been laid from Aladdin's palace to the Sultan's
chiar și un covor de catifea fusese așezat de la palatul lui Aladin până la al sultanului
Aladdin's mother then dressed herself carefully
Mama lui Aladdin s-a îmbrăcat apoi cu grijă
and she walked to the palace with her servants
iar ea a mers la palat cu servitorii ei
and Aladdin followed her on horseback
iar Aladdin a urmat-o călare
The Sultan sent musicians with trumpets and cymbals to meet them
Sultanul a trimis în întâmpinarea lor muzicieni cu trâmbițe și chimvale
so the air resounded with music and cheers
așa că aerul răsuna de muzică și urale
She was taken to the Princess, who saluted her
A fost dusă la Prințesă, care a salutat-o
and she treated her with great honour
iar ea a tratat-o cu mare cinste
At night the Princess said good-bye to her father
Noaptea Prințesa și-a luat rămas bun de la tatăl ei
and she set out on the carpet for Aladdin's palace
iar ea a pornit pe covor spre palatul lui Aladin
his mother was at her side
mama lui era alături de ea
and they were followed by their entourage of servants
și au fost urmați de anturajul lor de servitori

She was charmed at the sight of Aladdin
A fost fermecată la vederea lui Aladdin
and Aladdin ran to receive her into the palace
iar Aladdin a alergat să o primească în palat
"Princess," he said, "blame your beauty for my boldness"
„Prițesă", a spus el, „învinovățiți-vă frumusețea pentru îndrăzneala mea"
"I hope I have not displeased you"
„Sper că nu v-am nemulțumit"
she said she willingly obeyed her father in this matter
ea a spus că și-a ascultat de bunăvoie tatăl în această chestiune
because she had seen that he is handsome
pentru că văzuse că el este frumos
After the wedding had taken place Aladdin led her into the hall
După ce nunta a avut loc, Aladdin a condus-o în hol
a great feast was spread out in the hall
în sală s-a întins un mare ospăț
and she supped with him
iar ea a cinat cu el
after eating they danced till midnight
după ce au mâncat au dansat până la miezul nopții
The next day Aladdin invited the Sultan to see the palace
A doua zi, Aladin l-a invitat pe sultan să vadă palatul
they entered the hall with the four-and-twenty windows
au intrat în hol cu cele douăzeci și patru de ferestre
the windows were decorated with rubies, diamonds, and emeralds
ferestrele erau decorate cu rubine, diamante și smaralde
he cried, "The palace is one of the wonders of the world!"
a strigat: — Palatul este una dintre minunile lumii!
"There is only one thing that surprises me"
„Există un singur lucru care mă surprinde"
"Was it by accident that one window was left unfinished?"
— Din întâmplare, o fereastră a rămas neterminată?
"No, sir, it was done so by design," replied Aladdin
„Nu, domnule, a fost făcut așa prin proiect", a răspuns Aladin

"I wished your Majesty to have the glory of finishing this palace"
„Am dorit ca Majestatea Voastră să aibă gloria de a termina acest palat"
The Sultan was pleased to be given this honour
Sultanul a fost încântat să i se acorde această onoare
and he sent for the best jewellers in the city
și a trimis după cei mai buni bijutieri din oraș
He showed them the unfinished window
Le-a arătat fereastra neterminată
and he bade them to decorate the window like the others
și le-a poruncit să împodobească fereastra ca ceilalți
"Sir," replied their spokesman
„Domnule", a răspuns purtătorul de cuvânt al lor
"we cannot find enough jewels"
„Nu găsim suficiente bijuterii"
so the Sultan had his own jewels fetched
așa că sultanul și-a luat propriile bijuterii
but those jewels were soon used up too
dar acele bijuterii s-au epuizat curand si ele
even after a month's time the work was not half done
nici după o lună lucrarea nu era pe jumătate terminată
Aladdin knew that their task was impossible
Aladdin știa că sarcina lor era imposibilă
he bade them to undo their work
le-a poruncit să-și anuleze munca
and he bade them to carry the jewels back
și le-a poruncit să ducă bijuteriile înapoi
the genie finished the window at his command
geniul a terminat fereastra la comanda lui
The Sultan was surprised to receive his jewels again
Sultanul a fost surprins să-și primească din nou bijuteriile
he visited Aladdin, who showed him the finished window
l-a vizitat pe Aladdin, care i-a arătat fereastra terminată
and the Sultan embraced his son in law
iar sultanul și-a îmbrățișat ginerele
meanwhile, the envious Vizier suspected the work of

enchantment
între timp, invidiosul vizir bănuia opera de descântec
Aladdin had won the hearts of the people by his gentle manner
Aladdin cucerise inimile oamenilor prin maniera lui blândă
He was made captain of the Sultan's armies
A fost numit căpitan al armatelor sultanului
and he won several battles for his army
și a câștigat mai multe bătălii pentru armata sa
but he remained as modest and courteous as before
dar a rămas la fel de modest și de politicos ca înainte
in this way he lived in peace and content for several years
în felul acesta a trăit în pace și mulțumit câțiva ani
But far away in Africa the magician remembered Aladdin
Dar departe, în Africa, magicianul și-a amintit de Aladin
and by his magic arts he discovered Aladdin hadn't perished in the cave
și prin artele sale magice a descoperit că Aladdin nu pierise în peșteră
but instead of perishing, he had escaped and married the princess
dar în loc să piară, scăpase și se căsătorise cu prințesa
and now he was living in great honour and wealth
iar acum trăia în mare onoare și bogăție
He knew that the poor tailor's son could only have accomplished this by means of the magic lamp
Știa că bietul fiu al croitorului ar fi putut realiza asta doar cu ajutorul lămpii magice
and he travelled night and day until he reached the city
și a călătorit zi și noapte până a ajuns în oraș
he was bent on making sure of Aladdin's ruin
era hotărât să se asigure de ruina lui Aladdin
As he passed through the town he heard people talking
În timp ce trecea prin oraș, auzi oamenii vorbind
all they could talk about was the marvellous palace
tot ce puteau vorbi despre palatul minunat
"Forgive my ignorance," he asked

„Iartă-mi ignoranța", a întrebat el
"what is this palace you speak of?"
"Ce este acest palat despre care vorbesti?"
"Have you not heard of Prince Aladdin's palace?" was the reply
— N-ai auzit de palatul prințului Aladdin? a fost răspunsul
"the palace is one of the greatest wonders of the world"
„Palatul este una dintre cele mai mari minuni ale lumii"
"I will direct you to the palace, if you would like to see it"
„Te voi îndruma către palat, dacă vrei să-l vezi"
The magician thanked him for bringing him to the palace
Magicianul i-a mulțumit că l-a adus la palat
and having seen the palace, he knew that it had been built by the Genie of the Lamp
și văzând palatul, știa că fusese construit de Geniul Lampii
this made him half mad with rage
asta îl înnebunea pe jumătate de furie
He was determined to get hold of the magic lamp
Era hotărât să pună mâna pe lampa magică
and he was going to plunge Aladdin into the deepest poverty again
și avea de gând să-l cufunde din nou pe Aladin în cea mai profundă sărăcie
Unluckily, Aladdin had gone on a hunting trip for eight days
Din nefericire, Aladdin plecase într-o călătorie de vânătoare timp de opt zile
this gave the magician plenty of time
asta i-a oferit magicianului suficient timp
He bought a dozen copper lamps
A cumpărat o duzină de lămpi de cupru
and he put the copper lamps into a basket
și a pus lămpile de aramă într-un coș
and then he went to the palace
iar apoi s-a dus la palat
"New lamps for old lamps!" he exclaimed
„Lămpi noi pentru lămpi vechi!" a exclamat el

and he was followed by a jeering crowd
iar el a fost urmat de o mulțime batjocoritoare
The Princess was sitting in the hall of four-and-twenty windows
Prințesa stătea în holul cu douăzeci și patru de ferestre
she sent a servant to find out what the noise was about
ea a trimis un servitor să afle despre ce era vorba
the servant came back laughing so much that the Princess scolded her
servitorul s-a întors râzând atât de tare, încât Prințesa a certat-o
"Madam," replied the servant
— Doamnă, răspunse servitorul
"who can help but laughing when you see such a thing?"
„Cine se poate abține să nu râzi când vezi așa ceva?"
"an old fool is offering to exchange fine new lamps for old lamps"
„un nebun bătrân se oferă să schimbe lămpi noi bune cu lămpi vechi"
Another servant, hearing this, spoke up
Un alt servitor, auzind acestea, a vorbit
"There is an old lamp on the cornice which he can have"
„Pe cornișă este o lampă veche pe care o poate avea"
this, of course, was the magic lamp
aceasta, desigur, era lampa magică
Aladdin had left the magic lamp there, as he could not take it with him
Aladdin lăsase acolo lampa magică, pentru că nu o putea lua cu el
The Princess didn't know know the lamp's value
Prințesa nu știa valoarea lămpii
laughingly, she bade the servant to exchange the magic lamp
râzând, i-a poruncit servitorului să schimbe lampa magică
the servant took the lamp to the magician
servitorul a dus lampa magicianului
"Give me a new lamp for this lamp," she said
„Dă-mi o lampă nouă pentru această lampă", a spus ea

He snatched the lamp and bade the servant to pick another lamp
El a smuls lampa și i-a poruncit slujitorului să aleagă o altă lampă
and the entire crowd jeered at the sight
iar toată mulțimea a batjocorit priveliștea
but the magician cared little for the crowd
dar magicianului puțin îi păsa de mulțime
he left the crowd with the magic lamp he had set out to get
a părăsit mulțimea cu lampa magică pe care și-a propus să o ia
and he went out of the city gates to a lonely place
și a ieșit pe porțile orașului într-un loc singuratic
there he remained till nightfall
acolo a rămas până la căderea nopții
and at nightfall he pulled out the magic lamp and rubbed it
iar la căderea nopții a scos lampa magică și a frecat-o
The genie appeared to the magician
Geniul i-a apărut magicianului
and the magician made his command to the genie
iar magicianul a dat porunca lui geniului
"carry me, the princess, and the palace to a lonely place in Africa"
„du-mă, prințesa și palatul într-un loc singuratic din Africa"
Next morning the Sultan looked out of the window toward Aladdin's palace
A doua zi dimineața, sultanul se uită pe fereastră către palatul lui Aladin
and he rubbed his eyes when he saw the palace was gone
și și-a frecat ochii când a văzut că palatul nu mai era
He sent for the Vizier and asked what had become of the palace
A trimis după vizir și a întrebat ce s-a întâmplat cu palatul
The Vizier looked out too, and was lost in astonishment
Vizirul s-a uitat și el și s-a pierdut în uimire
He again put the events down to enchantment
El a pus din nou evenimentele în farmec
and this time the Sultan believed him

iar de data aceasta sultanul l-a crezut
he sent thirty men on horseback to fetch Aladdin in chains
a trimis treizeci de oameni călare să-l aducă pe Aladin în lanțuri
They met him riding home
L-au întâlnit călare acasă
they bound him and forced him to go with them on foot
l-au legat si l-au silit sa mearga cu ei pe jos
The people, however, who loved him, followed them to the palace
Oamenii, însă, care l-au iubit, i-au urmat până la palat
they would make sure that he came to no harm
aveau să se asigure că nu i-ar fi făcut niciun rău
He was carried before the Sultan
A fost purtat înaintea sultanului
and the Sultan ordered the executioner to cut off his head
iar sultanul a ordonat călăului să-i taie capul
The executioner made Aladdin kneel down before a block of wood
Călăul l-a făcut pe Aladdin să îngenuncheze în fața unui bloc de lemn
he bandaged his eyes so that he could not see
și-a bandajat ochii ca să nu poată vedea
and he raised his scimitar to strike
și și-a ridicat cimitarul să lovească
At that instant the Vizier saw the crowd had forced their way into the courtyard
În acea clipă, vizirul a văzut că mulțimea își pătrunsese forțat în curte
they were scaling the walls to rescue Aladdin
escaladeau zidurile pentru a-l salva pe Aladin
so he called to the executioner to halt
așa că l-a chemat pe călău să se oprească
The people, indeed, looked so threatening that the Sultan gave way
Oamenii, într-adevăr, păreau atât de amenințători, încât sultanul a cedat

and he ordered Aladdin to be unbound
și a ordonat lui Aladdin să fie dezlegat
he pardoned him in the sight of the crowd
l-a iertat în vederea mulțimii
Aladdin now begged to know what he had done
Aladdin a implorat acum să știe ce a făcut
"False wretch!" said the Sultan, "come thither"
— Fals nenorocit! spuse sultanul, „vino acolo"
he showed him from the window the place where his palace had stood
i-a arătat de la fereastră locul unde stătuse palatul său
Aladdin was so amazed that he could not say a word
Aladin a fost atât de uimit încât nu a putut să spună niciun cuvânt
"Where are my palace and my daughter?" demanded the Sultan
— Unde sunt palatul meu și fiica mea? întrebă sultanul
"For the palace I am not so deeply concerned"
„Pentru palat nu sunt atât de profund îngrijorat"
"but my daughter I must have"
"dar trebuie sa am fiica mea"
"and you must find her, or lose your head"
"și trebuie să o găsești sau să-ți pierzi capul"
Aladdin begged to be granted forty days in which to find her
Aladdin a rugat să i se acorde patruzeci de zile în care să o găsească
he promised that if he failed he would return
a promis că, dacă nu reușește, se va întoarce
and on his return he would suffer death at the Sultan's pleasure
iar la întoarcere avea să sufere moartea după bunul plac al sultanului
His prayer was granted by the Sultan
Rugăciunea sa a fost împlinită de sultan
and he went forth sadly from the Sultan's presence
și a ieșit trist din prezența sultanului

For three days he wandered about like a madman
Timp de trei zile a rătăcit ca un nebun
he asked everyone what had become of his palace
a întrebat pe toată lumea ce s-a întâmplat cu palatul lui
but they only laughed and pitied him
dar ei doar râdeau și se milă de el
He came to the banks of a river
A ajuns pe malurile unui râu
he knelt down to say his prayers before throwing himself in
a îngenuncheat să-și spună rugăciunile înainte de a se arunca înăuntru
In so doing he rubbed the magic ring he still wore
Făcând asta, a frecat inelul magic pe care încă îl purta
The genie he had seen in the cave appeared
A apărut genul pe care îl văzuse în peșteră
and he asked him what his will was
și l-a întrebat care este voia lui
"Save my life, genie," said Aladdin
„Salvează-mi viața, geniule", a spus Aladdin
"bring my palace back"
„adu-mi palatul înapoi"
"That is not in my power," said the genie
„Asta nu este în puterea mea", a spus geniul
"I am only the Slave of the Ring"
„Sunt doar Sclavul Inelului"
"you must ask him for the magic lamp"
„Trebuie să-i ceri lampa magică"
"that might be true," said Aladdin
— S-ar putea să fie adevărat, spuse Aladdin
"but thou canst take me to the palace"
„dar mă poți duce la palat"
"set me down under my dear wife's window"
„Pune-mă jos sub fereastra iubitei mele soții"
He at once found himself in Africa
S-a trezit imediat în Africa
he was under the window of the Princess
era sub fereastra Prințesei

and he fell asleep out of sheer weariness
iar el a adormit de oboseală
He was awakened by the singing of the birds
A fost trezit de cântecul păsărilor
and his heart was lighter than it was before
iar inima lui era mai uşoară decât înainte
He saw that all his misfortunes were due to the loss of the magic lamp
A văzut că toate nenorocirile lui se datorau pierderii lămpii magice
and he vainly wondered who had robbed him of his magic lamp
şi în zadar se întrebă cine îi furase lampa magică
That morning the Princess rose earlier than she normally
În dimineaţa aceea, Prinţesa s-a ridicat mai devreme decât în mod normal
once a day she was forced to endure the magicians company
o dată pe zi era nevoită să îndure compania magicienilor
She, however, treated him very harshly
Ea, însă, l-a tratat foarte dur
so he dared not live with her in the palace
aşa că nu îndrăznea să locuiască cu ea în palat
As she was dressing, one of her women looked out and saw Aladdin
În timp ce se îmbrăca, una dintre femeile ei s-a uitat afară şi l-a văzut pe Aladdin
The Princess ran and opened the window
Prinţesa a alergat şi a deschis fereastra
at the noise she made Aladdin looked up
la zgomotul pe care îl făcea Aladdin ridică privirea
She called to him to come to her
Ea la chemat să vină la ea
it was a great joy for the lovers to see each other again
a fost o mare bucurie pentru îndrăgostiţi să se revadă
After he had kissed her Aladdin said:
După ce a sărutat-o, Aladin a spus:
"I beg of you, Princess, in God's name"

"Te implor, printesa, in numele lui Dumnezeu"
"before we speak of anything else"
„Înainte să vorbim despre altceva"
"for your own sake and mine"
„de dragul tău și al meu"
"tell me what has become of the old lamp"
„Spune-mi ce s-a întâmplat cu vechea lampă"
"I left the lamp on the cornice in the hall of four-and-twenty windows"
„Am lăsat lampa pe cornișă în holul cu douăzeci și patru de ferestre"
"Alas!" she said, "I am the innocent cause of our sorrows"
"Vai!" ea a spus: „Eu sunt cauza nevinovată a durerilor noastre"
and she told him of the exchange of the magic lamp
iar ea i-a povestit despre schimbul lămpii magice
"Now I know," cried Aladdin
— Acum știu, strigă Aladin
"we have to thank the magician for this!"
„Trebuie să-i mulțumim magicianului pentru asta!"
"Where is the magic lamp?"
— Unde este lampa magică?
"He carries the lamp about with him," said the Princess
— Poartă lampa cu el, spuse Prințesa
"I know he carries the lamp with him"
„Știu că poartă lampa cu el"
"because he pulled the lamp out of his breast pocket to show me"
„Pentru că a scos lampa din buzunarul de la piept ca să-mi arate"
"and he wishes me to break my faith with you and marry him"
„și dorește să-mi rup credința cu tine și să mă căsătoresc cu el"
"and he said you were beheaded by my father's command"
„și a spus că ai fost decapitat din porunca tatălui meu"
"He is always speaking ill of you"
„El vorbește mereu de rău despre tine"

"but I only reply with my tears"
„dar răspund doar cu lacrimi"
"If I can persist, I doubt not"
„Dacă pot persista, mă îndoiesc că nu"
"but he will use violence"
„dar va folosi violența"
Aladdin comforted his wife
Aladdin și-a mângâiat soția
and he left her for a while
iar el a părăsit-o o vreme
He changed clothes with the first person he met in town
S-a schimbat hainele cu prima persoană pe care a întâlnit-o în oraș
and having bought a certain powder, he returned to the Princess
și cumpărând o anumită pulbere, s-a întors la Prințesă
the Princess let him in by a little side door
Prințesa l-a lăsat să intre pe o ușă laterală
"Put on your most beautiful dress," he said to her
„Pune-ți cea mai frumoasă rochie", i-a spus el
"receive the magician with smiles today"
„Primește-l pe magician cu zâmbete astăzi"
"lead him to believe that you have forgotten me"
„Fă-l să creadă că m-ai uitat"
"Invite him to sup with you"
"Invită-l să cină cu tine"
"and tell him you wish to taste the wine of his country"
„Și spune-i că vrei să gusti din vinul țării lui"
"He will be gone for some time"
„El va fi plecat de ceva vreme"
"while he is gone I will tell you what to do"
"Cât timp este plecat, îți voi spune ce să faci"
She listened carefully to Aladdin
L-a ascultat cu atenție pe Aladdin
and when he left she arrayed herself beautifully
iar când a plecat ea s-a îmbrăcat frumos
she hadn't dressed like this since she had left her city

nu se îmbrăcase așa de când părăsise orașul
She put on a girdle and head-dress of diamonds
Ea și-a pus un brâu și o rochie din diamante
she was more beautiful than ever
era mai frumoasă ca niciodată
and she received the magician with a smile
iar ea l-a primit pe magician cu un zâmbet
"I have made up my mind that Aladdin is dead"
„M-am hotărât că Aladdin a murit"
"my tears will not bring him back to me"
„Lacrimile mele nu-l vor aduce înapoi la mine"
"so I am resolved to mourn no more"
„Deci sunt hotărât să nu mai plâng"
"therefore I invite you to sup with me"
"De aceea te invit sa cina cu mine"
"but I am tired of the wines we have"
"dar m-am saturat de vinurile pe care le avem"
"I would like to taste the wines of Africa"
„Aș dori să degust vinurile din Africa"
The magician ran to his cellar
Magicianul a alergat în pivnița lui
and the Princess put the powder Aladdin had given her in her cup
iar Prințesa a pus în ceașcă pulberea pe care i-o dăduse Aladin
When he returned she asked him to drink to her health
Când s-a întors, ea l-a rugat să bea pentru sănătatea ei
and she handed him her cup in exchange for his
iar ea i-a întins paharul ei în schimbul lui
this was done as a sign to show she was reconciled to him
aceasta a fost făcută ca un semn pentru a arăta că era împăcată cu el
Before drinking the magician made her a speech
Înainte de a bea, magicianul i-a rostit un discurs
he wanted to praise her beauty
voia să-i laude frumusețea
but the Princess cut him short
dar Prințesa îl tăie scurt

"Let us drink first"
„Să bem mai întâi"
"and you shall say what you will afterwards"
„şi vei spune ce vei spune după aceea"
She set her cup to her lips and kept it there
Şi-a dus ceaşca la buze şi a ţinut-o acolo
the magician drained his cup to the dregs
magicianul şi-a scurs ceaşca până la dărâmă
and upon finishing his drink he fell back lifeless
iar după ce şi-a terminat băutura a căzut înapoi fără viaţă
The Princess then opened the door to Aladdin
Prinţesa i-a deschis apoi uşa lui Aladdin
and she flung her arms round his neck
iar ea îşi aruncă braţele în jurul gâtului lui
but Aladdin asked her to leave him
dar Aladdin i-a cerut să-l părăsească
there was still more to be done
mai erau încă de făcut
He then went to the dead magician
Apoi s-a dus la magicianul mort
and he took the lamp out of his vest
şi a scos lampa din vestă
he bade the genie to carry the palace back
i-a poruncit geniului să ducă palatul înapoi
the Princess in her chamber only felt two little shocks
Prinţesa din camera ei a simţit doar două mici şocuri
in little time she was at home again
în scurt timp era din nou acasă
The Sultan was sitting on his balcony
Sultanul stătea pe balconul său
he was mourning for his lost daughter
plângea fiica lui pierdută
he looked up and had to rub his eyes again
ridică privirea şi trebuia să-şi frece din nou ochii
the palace stood there as it had before
palatul stătea acolo ca înainte
He hastened over to the palace to see his daughter

S-a grăbit la palat să-și vadă fiica
Aladdin received him in the hall of the palace
Aladin l-a primit în holul palatului
and the princess was at his side
iar prințesa era alături de el
Aladdin told him what had happened
Aladin i-a spus ce s-a întâmplat
and he showed him the dead body of the magician
și i-a arătat cadavrul magului
so that the Sultan would believe him
pentru ca sultanul să-l creadă
A ten days' feast was proclaimed
A fost proclamată o sărbătoare de zece zile
and it seemed as if Aladdin might now live the rest of his life in peace
și părea de parcă Aladdin ar putea acum să-și trăiască restul vieții în pace
but his life was not to be as peaceful as he had hoped
dar viața lui nu trebuia să fie atât de pașnică pe cât sperase
The African magician had a younger brother
Magicianul african avea un frate mai mic
he was maybe even more wicked and cunning than his brother
era poate chiar mai rău și mai viclean decât fratele său
He travelled to Aladdin to avenge his brother's death
A călătorit la Aladdin pentru a răzbuna moartea fratelui său
he went to visit a pious woman called Fatima
s-a dus să viziteze o femeie evlavioasă pe nume Fatima
he thought she might be of use to him
se gândi că i-ar putea fi de folos
He entered her cell and put a dagger to her breast
A intrat în celula ei și i-a pus un pumnal la sân
then he told her to rise and do his bidding
apoi i-a spus să se ridice și să-și facă porunca
and if she didn't he said he would kill her
iar dacă nu o făcea, el a spus că o va ucide
He changed his clothes with her

Și-a schimbat hainele cu ea
and he coloured his face like hers
iar el și-a colorat fața ca pe a ei
he put on her veil so that he looked just like her
i-a pus voalul astfel încât să semene exact cu ea
and finally he murdered her despite her compliance
și în cele din urmă a ucis-o în ciuda conformității ei
so that she could tell no tales
ca să nu poată spune povești
Then he went towards the palace of Aladdin
Apoi s-a dus spre palatul lui Aladin
all the people thought he was the holy woman
toți oamenii credeau că el este femeia sfântă
they gathered round him to kiss his hands
s-au adunat în jurul lui să-i sărute mâinile
and they begged for his blessing
și au implorat binecuvântarea lui
When he got to the palace there was a great commotion around him
Când a ajuns la palat a fost o mare agitație în jurul lui
the princess wanted to know what all the noise was about
prințesa voia să știe despre ce era vorba tot zgomotul
so she bade her servant to look out of the window
așa că și-a poruncit servitorului să se uite pe fereastră
and her servant asked what the noise was all about
iar servitorul ei a întrebat despre ce este vorba
she found out it was the holy woman causing the commotion
ea a aflat că sfânta femeie a provocat zbuciumul
she was curing people of their ailments by touching them
ea vindeca oamenii de bolile lor atingându-i
the Princess had long desired to see Fatima
Prințesa își dorea de mult să o vadă pe Fatima
so she got her servant to ask her into the palace
așa că și-a pus servitorul să o ceară să intre în palat
and the false Fatima accepted the offer into the palace
iar falsa Fatima a acceptat oferta în palat
the magician offered up a prayer for her health and

prosperity
magicianul a făcut o rugăciune pentru sănătatea și prosperitatea ei
the Princess made him sit by her
Prințesa îl făcu să stea lângă ea
and she begged him to stay with her
iar ea l-a implorat să rămână cu ea
The false Fatima wished for nothing better
Falsa Fatima nu și-a dorit nimic mai bun
and she consented to the princess' wish
iar ea a consimțit la dorința prințesei
but he kept his veil down
dar își ținea vălul jos
because he knew that he would be discovered otherwise
pentru că știa că va fi descoperit altfel
The Princess showed him the hall
Prințesa i-a arătat sala
and she asked him what he thought of the hall
iar ea l-a întrebat ce părere are despre hol
"It is a truly beautiful hall," said the false Fatima
„Este o sală cu adevărat frumoasă", a spus falsa Fatima
"but in my mind your palace still wants one thing"
„dar în mintea mea palatul tău încă mai vrea un lucru"
"And what is it that my palace is missing?" asked the Princess
— Și ce anume lipsește palatul meu? întrebă Prințesa
"If only a Roc's egg were hung up from the middle of this dome"
„Dacă ar fi atârnat un ou al lui Roc din mijlocul acestei cupole"
"then your palace would be the wonder of the world," he said
„Atunci palatul tău ar fi minunea lumii", a spus el
After this the Princess could think of nothing but the Roc's egg
După aceasta, Prințesa nu se mai putea gândi la altceva decât la oul lui Roc

when Aladdin returned from hunting he found her in a very ill humour
când Aladdin s-a întors de la vânătoare a găsit-o într-un umor foarte rău
He begged to know what was amiss
A implorat să știe ce era în neregulă
and she told him what had spoiled her pleasure
iar ea i-a spus ce i-a stricat plăcerea
"I'm made miserable for the want of a Roc's egg"
"Sunt nenorocit din lipsa unui ou al lui Roc"
"If that is all you want you shall soon be happy," replied Aladdin
„Dacă asta este tot ce vrei, vei fi în curând fericit", a răspuns Aladin
he left her and rubbed the lamp
a părăsit-o și a frecat lampa
when the genie appeared he commanded him to bring a Roc's egg
când a apărut genul i-a poruncit să aducă un ou lui Roc
The genie gave such a loud and terrible shriek that the hall shook
Geniul a scos un țipăt atât de puternic și teribil, încât sala s-a cutremurat
"Wretch!" he cried, "is it not enough that I have done everything for you?"
"Nenorocit!" strigă el, „nu este suficient că am făcut totul pentru tine?"
"but now you command me to bring my master"
„dar acum îmi porunci să-mi aduc stăpânul"
"and you want me to hang him up in the midst of this dome"
„și vrei să-l agățăm în mijlocul acestei cupole"
"You and your wife and your palace deserve to be burnt to ashes"
„Tu și soția ta și palatul tău meritați să fiți arși în scrum"
"but this request does not come from you"
„dar această cerere nu vine de la tine"
"the demand comes from the brother of the magician"

„cererea vine de la fratele magicianului"
"the magician whom you have destroyed"
„magicul pe care l-ai distrus"
"He is now in your palace disguised as the holy woman"
„El este acum în palatul tău deghizat în femeie sfântă"
"the real holy woman he has already murdered"
„Adevărata femeie sfântă pe care a ucis-o deja"
"it was him who put that wish into your wife's head"
„El a fost cel care a pus această dorință în capul soției tale"
"Take care of yourself, for he means to kill you"
„Ai grijă de tine, căci el vrea să te omoare"
upon saying this, the genie disappeared
spunând asta, genul a dispărut
Aladdin went back to the Princess
Aladdin s-a întors la Prințesă
he told her that his head ached
i-a spus că îl doare capul
so she requested the holy Fatima to be fetched
așa că a cerut ca sfânta Fatima să fie adusă
she could lay her hands on his head
putea să-și pună mâinile pe capul lui
and his headache would be cured by her powers
iar durerea lui de cap avea să fie vindecată de puterile ei
when the magician came near Aladdin seized his dagger
când magicianul s-a apropiat de Aladdin i-a apucat pumnalul
and he pierced him in the heart
și l-a străpuns în inimă
"What have you done?" cried the Princess
"Ce-ai făcut?" strigă Prințesa
"You have killed the holy woman!"
— Ai ucis-o pe sfânta femeie!
"It is not so," replied Aladdin
„Nu este așa", a răspuns Aladin
"I have killed a wicked magician"
„Am ucis un magician rău"
and he told her of how she had been deceived
iar el i-a povestit cum fusese înșelată

After this Aladdin and his wife lived in peace
După aceasta, Aladdin și soția lui au trăit în pace
He succeeded the Sultan when he died
I-a urmat sultanului când acesta a murit
he reigned over the kingdom for many years
a domnit peste regat mulți ani
and he left behind him a long lineage of kings
și a lăsat în urma lui o lungă descendență de regi

The End
Sfârșitul

www.ingramcontent.com/pod-product-compliance
Lightning Source LLC
Chambersburg PA
CBHW012010090526
44590CB00026B/3959